Anonym

Das Scharia-Konzept im 21. Jahrhundert von Tariq Ramadan im Vergleich zu Said Ramadan

GRIN Verlag

Bibliografische Information der Deutschen Nationalbibliothek:

Die Deutsche Bibliothek verzeichnet diese Publikation in der Deutschen National-
bibliografie; detaillierte bibliografische Daten sind im Internet über http://dnb.d-
nb.de/ abrufbar.

Impressum:

Copyright © 2015 GRIN Verlag, Open Publishing GmbH
Druck und Bindung: Books on Demand GmbH, Norderstedt Germany
ISBN: 978-3-668-00516-7

Lehrstuhl für Religionswissenschaft
Fakultät für evangelische Theologie
Ruhr-Universität Bochum

Studiengang: BA Religionswissenschaft
Modul: SR03: Grundkurs Historische Transformationsprozesse
Lehrveranstaltung: Woher, wohin und wie? Strömungen, Themen und Akteure des
                  Reform-Islam in Vergangenheit und Gegenwart
Semester: Wintersemester 2014/15

Hausarbeit als Modulprüfung
im Modul SR 03

Das Scharia-Konzept im 21. Jahrhundert von Tariq Ramadan
im Vergleich zu Said Ramadan

Fragestellung: Welche Unterschiede und Gemeinsamkeiten hat das Scharia-
Verständnis von Tariq Ramadan und Said Ramadan?

Eingereicht am:
05.03.2015

Studienfächer: BA Religionswissenschaft und Linguistik
Fachsemester: 5.

Inhaltsverzeichnis

1. Einleitung

Die vorliegende Arbeit befasst sich mit dem Thema des Scharia-Konzepts im 21. Jahrhundert nach Tariq Ramadans Definition. Diese wird im Vergleich zum Scharia-Verständnis von Said Ramadan, Tariq Ramadans Vater und führende Persönlichkeit der Muslimbruderschaft im Ausland, gestellt. Dieser Vergleich ist sehr interessant, da Tariq Ramadan sich gegen die Muslimbruderschaft geäußert hat, jedoch von Said Ramadan erzogen wurde und seine islamische Erziehung ihm zu verdanken hat. Die Frage ist inwieweit es Übereinstimmungen und Unterschiede im Scharia-Verständnis der Ramadans gibt.

Am Anfang werde ich beide Personen vorstellen. Danach werde ich den Begriff und das Konzept von Scharia anhand verschiedener Quellen definieren. Daran anschließend wird das Scharia-Konzept von Tariq Ramadan und weiterhin das Verständnis von Said Ramadan vorgestellt. Im Anschluss werden beide Ansätze miteinander verglichen und ihre Unterschiede und Gemeinsamkeiten aufgezeigt. Im Fazit werde ich folgende Fragestellung beantworten: Welche Gemeinsamkeiten und Unterschiede hat das Scharia-Verständnis von Tariq Ramadan zu dem Verständnis von Said Ramadan?

2. Biographien

2.1. Tariq Ramadan

Tariq Ramadan wurde 1962 in Genf geboren. Er absolvierte sein Magister in Philosophie, französische Literatur und Islamwissenschaft an der Universität Genf. 1996 erhielt er seinen PhD in arabischen und islamischen Studien. Weiterhin studierte er Islamwissenschaft an der Al-Azhar Universität in Ägypten.[1] Ramadan lehrte an der Uni Freiburg und im College in Genf von 1997 bis 2004. Seit 2006 ist er Professor in Islamwissenschaft an der Oxford Universität und lehrt dort auch an der theologischen Fakultät. Außerdem ist Tariq Ramadan Präsident der European Muslim Network (EMN) in Brüssel. Darüber hinaus ist er Gastdozent an den Universitäten in Qatar, Malaysia und

---

1 Yu, Chi-chung: Thinking Between Islam and the West, Frankfurt: Peter Lang, 2014, S. 140 f.

Kyoto Japan.[2] Von 2007 bis 2009 war er Gastdozent an der Universität Rotterdam, jedoch wurde er gekündigt, da er eine Nebentätigkeit als Moderator an einem vom iranischen Staat finanziertem Sender hatte.[3]

Tariq Ramadan wurde zeitweise die Einreise nach Frankreich und in die USA verweigert, da er verdächtigt wurde, befürworter des Terrorismus zu sein. Andererseits war er nach dem Anschlag in London Teil der *„muslimischen Taskforce zur Bekämpfung des islamischen Extremismus in Großbritannien"*[4] von Tony Blair.

Er wird als Phänomen gesehen wegen seiner Popularität, da er direkter Ansprechpartner der Medien ist, wenn es um religiöse Themen und Diskussionen um den Islam und Terror geht. Außerdem ist seine Meinung als Muslim von den Medien gefragt, wie er dazu steht und wie er es beurteilt.[5]

Sein Erfolg wird von seinem Großvater Hasan al-Banna abgeleitet, da er Gründer der Muslimbruderschaft war. Somit bekommt Tariq Ramadan viel eher die Aufmerksamkeit der Medien, als andere Wissenschaftler.[6]

Er schrieb zahlreiche Werke, wie zum Beispiel „Der Islam und der Westen" 2000, „Muslimsein in Europa" 2001, „Die Muslime im Westen" 2002, „Radikale Reform" 2009 und „The Arab Awakening" 2012. In seinen Werken untersucht er, wie Islam und Europa zu einer Einheit werden können, ohne einander zu verlieren. Weiterhin geht er darauf ein, wie der Islam in Politik, Wirtschaft und Kultur modernisiert werden kann ohne zu verwestlichen. Sein bestreben ist also keine Anpassung des Islam an den Westen, sondern eine Modernisierung innerhalb des Islam ohne Koran und Sunna auszulassen.

Ein weiterer Punkt bei Tariq Ramadan ist der Begriff der „Europäischen Muslime". Er setzt sich dafür ein, dass Muslime in Europa sich integrieren, das heißt loyal zu Europa sind, die Sprache lernen und die Gesetzte befolgen.

2 Tariq Ramadan Biography. Letzter Zugriff: 24.02.2015
   http://tariqramadan.com/english/biography/
3 Frankfurter Allgemeine: „Entlassung wegen unangemeldeter Nebentätigkeit". Letzter
   Zugriff: 24.02.2015 http://www.faz.net/aktuell/feuilleton/debatte-um-tariq-ramadan-
   entlassung-wegen-unangemeldeter-nebentaetigkeit-1841276.html
4 Ammann L., „Die konservative Reform", in: K. Amirpur/L. Ammann (Hg.), Der Islam am
   Wendepunkt, Freiburg, Verlag Herder Freiburg im Breisgau 2006, S. 23.
5 Yu 2014, S.142 f.
6 Ebd., S. 143.

Es ist dabei wichtig, dass sie sich zwar im Land sozial engagieren, jedoch nicht zu Muslimen ohne Islam werden, also spricht er sich für die Integration und gegen die Assimilation aus.[7]
Er ist eine sehr umstrittene Persönlichkeit. Manche sehen ihn als großen Reformer und andere als Wolf im Schafspelz. Caroline Fourest erklärt in ihrem Buch „Frère Tariq", die Methoden und Strategien Ramadans, wie zum Beispiel, dass Ramadan sich als Aufklärer zeigen würde, aber eigentlich antiwestlich orientiert sei. Er wäre gefährlich, da seine Worte vernünftig klingen. Bei vielen Muslimen der 2. und 3. Generation im Westen jedoch ist er beliebt, da Ramadan auf ihre Probleme eingeht und sich mit diesen befasst.[8]

2.2. Said Ramadan

Said Ramadan wurde 1926 geboren und starb 1995 in Genf. Er war verheiratet mit Wafa al-Banna, der ältesten Tochter Hasan al-Bannas. Ramadan war für Hasan al-Banna wie ein Sohn, weswegen sie eine enge, direkte Verbindung zueinander hatten. Er wurde sehr stark von al-Banna geprägt. Er hatte eine führende Rolle bei der Muslimbruderschaft und war aktiv für die Repräsentation der Organisation zuständig. Deswegen ging er zum Beispiel 1948 nach Pakistan zum Islamischen Weltkongress.[9] Said Ramadan musste aufgrund seiner aktiven Teilnahme an der Muslimbruderschaft 1958 aus Ägypten in die Schweiz ins Exil gehen.[10] Ein paar Monate nach seiner Ausbürgerung schoss ein Muslimbruder auf Nasser. Jedoch verfehlte er sein Ziel und die Muslimbruderschaft in Ägypten wurde verfolgt und verboten. Somit wurde Said Ramadan ein wichtiger Vertreter der Muslimbruderschaft im Ausland.[11] 1961 gründete er ein islamisches Zentrum in Genf, welcher ein Treffpunkt der Muslimbrüder auf der ganzen Welt wurde.

---

7 Zeit-Online: „Ich bin Angst einflößend und gruselig". Letzter Zugriff: 25.02.2015 http://www.zeit.de/campus/2013/01/tariq-ramadan-muslime-europa
8 Ammann 2006, S. 29 f.
9 Ghadban, Ralph: Tariq Ramadan und die Islamisierung Europas, Berlin: Verlag Hans Schiler, 2006, S. 54.
10 Ammann 2006, S. 23.
11 Ghadban 2006, S. 57.

Außerdem war es eine Pilgerstätte aller Islamisten.[12] Das Zentrum galt als Modell für islamische Zentren in Europa und Nordamerika. 1962 wurde ein weiteres islamisches Zentrum in München und 1964 in London eröffnet.[13] Im Münchener Zentrum wurde 1982 die Muslimbruderschaft als Weltorganisation bekannt gemacht. Dadurch wurde die Organisation international als Institution angesehen.[14] Man erkennt, dass Said Ramadan seine Führungsrolle in der Muslimbruderschaft als Hauptziel hatte, da er auch in seinen Publikationen nicht über Muslime in Europa schrieb.

Seine Dissertation hat er 1980 an der Universität Köln gemacht mit dem Titel „Das islamische Recht". Weiterhin veröffentlichte er die Zeitschrift „Al-Muslimun" in Genf, welche großen Einfluss auf arabisch-islamische intellektuelle Kreise hatte.[15] Die Zeitschrift hatte er bereits 1955 in Syrien herausgebracht.[16] Hauptziel Said Ramadans war die Errichtung eines islamischen Staats.

3. Das Scharia-Konzept

Im folgenden werde ich einige Definitionen der Scharia geben, um einen Überblick des Verständnisses zu geben.

> „Der Begriff wird im heutigen Sprachgebrauch für „islam. Recht" verwendet, bedeutet im engeren Sinne jedoch die von Gott gesetzte Ordnung im Sinne einer islam. Normativität. Der Ruf nach Einführung der S. ist gegenwärtig in vielen muslim. Staaten zu einem polit. Kampfbegriff geworden. Vordergründiger Ausdruck einer islam. Rechtsordnung ist die Anwendung der koran. Körperstrafen, was jedoch nur einen kleinen Teil des islam. Rechtssystems umfaßt. In mehreren Staaten wird die S. heutzutage in der Verfassung ausdrücklich als Quelle der Rechtsschöpfung anerkannt (etwa in Ägypten, Bahrain, Jemen, Kuwait, Libanon, Sudan, Syrien und in den Vereinigten Arab. Emiraten). Einen Schritt weiter gehen Saudi-Arabien, Oman, Pakistan und neuerdings Afghanistan, in denen die S., von

---

12 Ebd., S. 60 f.
13 Ebd., S. 68 f.
14 Ebd., S. 61.
15 Ebd., S. 58 ff.
16 Ebd., S. 55.

Ausnahmen in einzelnen Rechtsbereichen abgesehen, mit der Rechtsordnung gleichgesetzt wird."[17]

An dieser Definition der Bundeszentrale für politische Bildung ist zu erkennen, dass der Begriff als islamisches Recht bzw. Rechtssystem gesehen wird. Dabei wird das arabische Wort nicht übersetzt, um die Definition davon abzuleiten. Andererseits wird auch davon gesprochen, dass die Definition auf die Bedeutung heutzutage geschildert wird.

„Sharia is a now a familiar term to Muslims and non-Muslims. It can often be heard in news stories about politics, crime, feminism, terrorism and civilisation. All aspects of a Muslim's life are governed by Sharia. Sharia law comes from a combination of sources including the Qur'an, the Hadith and fatwas. Many people, including Muslims, misunderstand Sharia. It's often associated with the amputation of limbs, death by stoning, lashes and other medieval punishments. Because of this, it is sometimes thought of as draconian. Some people in the West view Sharia as archaic and unfair social ideas that are imposed upon people who live in Sharia- controlled countires. Many Muslims, however, hold a different view. In the Islamic tradition Sharia is seen as something that nurtures humanity. They see the Sharia not in the light of something primitive but as something divinely revealed. In a society where social problems are endemic, Sharia frees humanity to realise its individual potential."[18]

In der Definition der Website BBC werden sowohl das Verständnis der Scharia heute, als auch die eigentliche Bedeutung des Wortes Scharia deutlich gemacht. Demzufolge ist von den Vorurteilen und Missverständnissen zum Scharia-Konzept die Rede und auch dass die Scharia in der islamischen Tradition als Pflege der Menschlichkeit und Freiheit gesehen wird.

„Shari´a bezeichnet wortwörtlich den im arabischen Sprachgebrauch den Platz rund um einen Brunnenschacht, von dem aus man an das Wasser

17 Bundeszentrale für politische Bildung, Dr. Christiane Müller. Letzter Zugriff: 25.02.2015
http://www.bpb.de/nachschlagen/lexika/islam-lexikon/21676/scharia
18 BBC Website. Letzter Zugriff: 25.02.2015
http://www.bbc.co.uk/religion/religions/islam/beliefs/sharia_1.shtml

gelangen kann; sinnbildlich steht das Wasser hier für ‚Lebensquelle`, und so ist Shari´a von der Sprache her gesehen das, was einem Muslim das Leben im Islam erst ermöglicht. Die Shari´a ist die Art zu leben, die Gott den Muslimen vorgezeichnet hat, die Er für die Muslime wünscht. Von daher ist Shari´a mehr als bloß ‚Islamisches Recht`, sondern das Recht und alles, was den Muslim kennzeichnet und geistig und äußerlich von Nichtmuslimen unterscheidet. Demgegenüber bezeichnet das Wort „Fiqh" tatsächlich das Islamische Recht. [...] Fiqh ist daher ein Teil der Shari´a, doch die Shari´a ist umfassender als Fiqh. Andererseits ist Fiqh auch eine Wissenschaft, [...], während Shari´a keine eigentliche Wissenschaft ist, sondern alles, was zum Wesen und zur Aufrechterhaltung des Islams gehört, umfaßt."[19]

Reidegeld schreibt in seinem Handbuch zum Islam über das islamische Recht und gibt bereits in der Einleitung zu diesem Kapitel eine kurze Beschreibung und Unterscheidung zwischen Scharia und Fiqh. Er gibt die Übersetzung des Begriffs Scharia und leitet die Definition davon ab. Außerdem klärt er das Missverständnis, dass Scharia das islamische Recht wäre und beschreibt deswegen den Begriff Fiqh.

3.1. Scharia-Verständnis von Tariq Ramadan

Zum Scharia-Konzept klärt Tariq Ramadan auf, indem er zuerst von dem Problem der Definition spricht: *„But it is difficult to imagine how the term would be understood and implemented: as a general orientation-a path toward justice-or as a closed system restricted to the penal code?"*[20] Er selbst sieht die Scharia als ein grundlegendes Element bzw. ein globaler Pfad für ein methodisches und philosophisches Leben, also sei es nicht nur ein Gesetz. Somit definiert er den Begriff als eine Art Theologie mit sozialer Ethik und Moral.[21] Tariq Ramadan sieht die Umsetzung der Scharia nicht in der Durchsetzung der Verbote und Einführung strenger und zeitloser

19 Reidegeld, Ahmad A.: Handbuch Islam, Kandern im Schwarzwald: Spohr, 2005, S. 105.
20 Ramadan, Tariq: Islam and the Arab Awakening, New York: Oxford University Press, 2012, S. 91.
21 Yu 2014, S. 156.

Strafgesetze,[22] und zwar ist er der Meinung, dass die Scharia als Aufruf zur sozialen Gerechtigkeit gesehen werden muss und daher ein Respekt gegen die Rechte auf Bildung, Wohnraum und Wolhbefinden von Frauen, Kindern und Männern entstehen muss.[23] Somit müsse man als Muslim zuerst das Recht anderer respektieren, statt dem islamischen Recht zu folgen, denn nur so würde man islamisch handeln.[24]

Weiterhin ist zu sehen, dass er die Meinung vertritt, die Scharia sei kein starres Rechtssystem, sondern *„a spiritual, social, political, and economic dynamic",*[25] welches höhere Ziele anstrebt, wofür die menschliche Kreativität und Produktivität notwendig ist. Die Scharia fordere Muslime auf, produktiv zu sein und sozial in Aktion zu treten. Durch die Offenbarung und die Scharia könne der Muslim die Verbindung zu Gott und Gottes Weg herstellen, jedoch müsse die menschliche Vernunft die Scharia interpretieren, damit die Verbindung existieren kann. Somit bekommt die Scharia nur eine Funktion und einen Sinn, wenn sie auf den Kontext angewandt wird und dementsprechend interpretiert wird.[26]

Auch bei der Unterscheidung zwischen Fiqh und Scharia erklärt Ramadan, dass das islamische Recht, also Fiqh, von Zeit zur Zeit reformiert werden muss, da es mit der Zeit gehen muss.[27]

Im weiteren spricht sich Ramadan nicht von der Scharia und dem islamischen Recht los, gibt aber dem säkulären Recht vorrang, da man als Muslim in Europa in der Diaspora lebe und das Rechtssystem akzeptieren müsse.[28] Sein Reform-Konzept sagt aus, dass Reformismus da beginnt, wo die Notwendigkeit erkannt wird, die Schriften mit Vernunft auszulegen. Hierbei ist der Begriff des idschtihad wichtig, die Anstrengung um ein eigenes Urteil zu fällen, wenn es um islamisches Recht geht.[29] Tariq Ramadan ist der Meinung, man müsse den Text im historischen Kontext betrachten, um die

22 Ramadan 2012, S. 113 f.
23 Ebd.
24 Yu 2014, S. 157.
25 Ramadan 2012, S. 114.
26 Yu 2014, S. 159.
27 Ebd., S. 157.
28 Ammann 2006, S. 28.
29 Ramadan, Tariq: Radikale Reform, München: Diedrichs Verlag, 2009, S. 34 f.

Grundsätze zu erkennen. Somit könne man den Text auf andere Zeiten und Räume anwenden. Einen größeren Spielraum für Reform und idschtihad gibt das Gebot, dass alles erlaubt ist, was der Text nicht ausdrücklich verbietet. Weiterhin befürwortet er das Gewissen des Einzelnen, d.h. der Einzelne könne so handeln, wie er es mit seinem Gewissen vereinbaren kann. Somit wird die Freiheit des Einzelnen respektiert und das Individuum betreibt idschtihad. Dies wird legitimiert, indem er sagt, die Welt sei zu komplex geworden, sodass es für die Gelehrten zu schwer ist, zuverlässige Rechtssprechung durchzuführen.[30] Hierbei ist wieder zu erkennen, dass er die Produktivität und die eigene Anstrengung des Einzelnen für die Reform wertschätzt und die Interpretation anderer ausschließen möchte.

Man sieht bei Tariq Ramadan, dass er das Scharia-Verständnis im Westen und für westliche Muslime darstellt, da er die Scharia nicht als festes Gesetz sieht. Er definiert den Begriff als einen philosophischen und sozialen Weg, den Muslime selbstständig verstehen und auslegen müssen, sodass man in Europa leben und die Gesetze dort akzeptieren kann und für den eigenen Glauben selbst verantwortlich ist und sich bemühen muss. Im Vordergrund steht bei ihm der Respekt gegenüber Menschenrechte, anstatt das islamische Recht.

3.2. Scharia-Verständnis von Said Ramadan

Said Ramadan definiert die Scharia als unveränderliche Vorschriften, die schon zu Lebzeiten des Propheten in Koran und Sunna festgelegt waren.[31] Er Unterscheidet dabei zwischen Scharia und juristischen Werken, die nach der Zeit des Propheten entstanden sind. Hierbei gelten die juristischen Werke nur als Bestätigung und Untermauerung der Scharia, das heißt die Scharia hat absolute Autorität beim Recht.[32] Somit werden alle anderen gesetzgebenden Gewalten ausgeschlossen, da andere Gesetze nicht von allen akzeptiert werden. Die Scharia dagegen wird von allen Muslimen akzeptiert, da es als

---

30 Ebd., S. 40 ff.
31 Ramadan, Said: Das islamische Recht, 2. Aufl., Marburg: Muslim Studenten Vereinigung in Deutschland, 1996, S. 37.
32 Ebd., S. 41.

Wort Gottes gesehen wird.[33]

Ein weiterer Punkt ist die Notwendigkeit des idschtihad bei der Interpretation von Koran und Sunna, jedoch nur wenn es der Scharia untergeordnet ist und nicht widerspricht.[34] Ramadan sieht die vielfältige juristische Auffasung der Scharia als Beweis für die Flexibilität der Scharia, aber er ist der Meinung, dass die Stellungnahme eines Muslim nur dann gültig ist, wenn sie im Einklang mit koranischen und prophetischen Texten ist. Außerdem dürfe man eine eigene Interpretation nur dann machen, wenn man die Scharia und die juristischen Werke gut kenne.[35] Zum Beispiel würden Rechtsschulen idschtihad betreiben, jedoch ihre Rechtssprechung nie als endgültig erklären, da es eine individuelle Interpretation sei.[36] Said Ramadan spricht sich für den idschtihad aus und sieht das islamische Recht, hier die juristischen Werke, nicht begrenzt und starr. Und zwar müsse das Rechtssystem beweglich sein, da das Leben auch in Bewegung ist. Weiterhin erläutert er, dass Recht und Religion sich gegenseitig beeinflussen und beides für das Wohl der Gesellschaft wichtig wäre.[37] Somit bindet er Recht und Religion miteinander und legitimiert das islamische Recht.

In seinem Werk schreibt Said Ramadan, dass das islamische Recht in keinem Land im vollen Umfang praktiziert wird, jedoch sei es ein Wunsch und Ziel von Bewegungen das islamische Recht in muslimischen Ländern einzuführen. In Pakistan, Saudi-Arabien und Libyen hätte man die Einführung der Scharia geschafft, auch wenn spätere politische Strömungen dies wieder weggeschwemmt hätten. Er ist der Meinung, dass die Bevölkerung die Einführung der Scharia unterstützt und erst somit die Einführung der Scharia in diesen drei Staaten durchgeführt werden konnte.[38]

Said Ramadans Verständnis von Scharia ist, dass es ein festes Gesetz, somit nicht veränderbar ist. Juristische Werke wären veränderbar, jedoch sind diese auch der Scharia untergeordnet. Weiterhin wäre der idschtihad von

33 Ebd., S. 54.
34 Ebd., S. 62 f.
35 Ebd., S. 38.
36 Ebd., S. 64 f.
37 Ebd., S. 27.
38 Ebd., S. 23 f.

Individuuen nur in äußersten Ausnahmefällen gestattet und dann auch nur von Muslimen, die sich mit Scharia und juristischen Werken auskennen.

3.3. Vergleich der beiden Ansätze

Beim Vergleich von Tariq Ramadan und Said Ramadan ist zu beachten, dass Tariq Ramadan in Europa geboren und ausgebildet wurde. Weiterhin hatte er keinen Bezug zur Muslimbruderschaft, wie sein Vater. Dieser wurde ins Exil geschickt und hatte durch seine Rolle in der Muslimbruderschaft immer noch eine starke Bindung zu Ägypten. Daran sieht man, dass die Ziele beider unterschiedlich waren. Im Gegensatz zu Said Ramadan, welcher sich für die Ziele der Muslimbruderschaft einsetzte und eher nach Ägypten orientiert war, setzt sich Tariq Ramadan für Muslime in Europa und ihrer Gleichberechtigung und Anerkennung im Westen ein. Dies erkennt man daran, dass er sowohl in seinen Werken als auch in Interviews versucht, den Westen über den Islam und den islamischen Rechten aufzuklären und fordert einerseits Muslime mit seinem Reform-Konzepten auf, sich zu integrieren und sich in Europa wohlzufühlen, indem das Scharia-Verständnis gewandelt wird und andererseits fordert er den Westen auf Muslime als europäische Bürger zu akzeptieren.

Wenn man sich die Definition von Scharia bei beiden anschaut, erkennt man, dass es hier große Unterschiede gibt. Tariq Ramadan sieht die Scharia als ein bewegliches Gesetz, welcher für Interpretationen offenen ist. Es wird deutlich, dass Tariq Ramadan dem idschtihad eine wichtige Rolle gibt, vorallem für die Freiheit jedes Einzelnen, denn nur indem es Muslimen gestattet ist, selbstständig idschtihad zu betreiben, kann man den Islam reformieren und die Scharia auf die heutige Zeit anwenden, weil Gelehrte den heutigen Kontext, indem Muslime leben, meistens nicht verstehen und somit das islamische Recht gar nicht auf das Umfeld anwenden können. Außerdem können Gelehrte nicht einheitliche Aussprüche für Muslime auf der gesamten Welt geben, weil zu territorialen Unterschieden auch gesellschaftliche Unterschiede vorliegen. Im Gegensatz zu Tariq Ramadan sieht Said Ramadan die Scharia als ein festes Gesetz, welches über alle Zeit hinweg gültig ist. Der idschtihad würde nur in Frage kommen, wenn es nicht im Widerspruch zur Scharia steht und diesem untergeordnet ist. Somit könne man idschtihad nur betreiben, wenn es anders nicht geht und man berechtigt ist, durch Scharia-Kenntnisse. Said Ramadan zeigt in seiner Definition keine Reform des Islam und befürwortet auch keine Selbstständigkeit von Muslimen in der Diaspora.

Es ist auch interessant, dass er, obwohl er im Westen lebt, keine Hilfestellung bzw. kein Verständnis für Muslime im Westen schaffen will und sich auch nicht zu dieser Lage äußert. Er ist strickt dem Osten orientiert und gibt in seinem Werk lediglich eine Definition und Erklärung des islamsichen Rechts für den Westen, d.h. in seinem Werk spricht er das islamische Recht nur für muslimische Länder aus und beschreibt ihn für Wissenschaftler in Europa. Im Gegensatz dazu ist Tariq Ramadan westlich orientiert und schreibt in erster Linie für Muslime in Europa, was man an seinen Werken und auch anhand seinen Konzepten erkennt.

Wenn man sich die Beziehung der Wissenschaftler zu muslimischen Ländern im Osten anschaut, erkennt man bei Said Ramadan, wie bereits erwähnt, dass er strikt östlich orientiert ist und seine Tätigkeiten im Westen nur für die Muslimbruderschaft und den Islam in arabischen Ländern ausübt. Somit hat er eine streng konservative Haltung, wenn es um den Islam geht. Bei Tariq Ramadan dagegen erkennt man, dass seine Haltung zwischen liberal und konservativ ist. In einigen Punkten ist deutlich, dass er konservativ ist, was seine Beziehung zu Muslimen in arabischen Ländern verbessert, da diese nur den konservativen Islam kennen. Somit können diese Tariq Ramadans Verständnis von Reform und Islam nachvollziehen und schrecken nicht sofort ab. Andererseits pflegt er eine liberale Haltung, wenn es um Muslime im Westen geht, da diese durch die Politik in Europa eine liberale Haltung viel eher schätzen. Somit bekommt er Gehör von den Muslimen der zweiten und dritten Generation in Europa, welche dort geboren oder großgeworden sind.

Ein weiterer Punkt ist, dass die Hauptaussage bei beiden Ramadans unterschiedlich ist. Tariq Ramadan spricht von einem Scharia-Konzept im Westen, d.h. wie Muslime im Westen die Scharia verstehen sollten und ihn ausüben können. Said Ramadan allerdings spricht von einer Scharia in muslimischen Ländern und wie diese Scharia verstehen und anwenden.

Im Großen und Ganzen erkennt man, dass Tariq Ramadan und Said Ramadan sehr unterschiedliche Meinungen und Ziele haben, wenn es um den Begriff der Scharia und des islamsichen Rechts geht. Man könnte diesen Unterschied vielleicht auf die Situation und das Umfeld der Personen zurückführen, da keine großen zeitlichen Unterschiede vorliegen. Man erkennt, dass auch bei der Bildung der beiden große Unterschiede vorliegen, da Said Ramadan direkt von Hasan al-Banna beeinflusst und erzogen wurde, wobei Tariq Ramadan an der Universität Genf Islamwissenschaft studiert und erst später an die Al-Azhar Universität geht, obwohl er zuerst von Said Ramadan geprägt und gelehrt wurden.

4. Fazit

Um auf die Frage, welche Unterschiede und Gemeinsamkeiten das Scharia-Verständnis von Tariq Ramadan und Said Ramadan haben, zurückzukommen, könnte man damit beginnen, dass es viel mehr Unterschiede gibt als Gemeinsamkeiten. Und zwar gibt es erhebliche Unterschiede zwischen der Definition und dem Scharia-Verständnis der beiden. Tariq Ramadan sieht es als kein Gesetz als solches, sondern als offener Weg, den Muslime durch idschtihad verändern können und anwenden können und auch sollen. Somit ist die Scharia nach seiner Meinung lediglich für ein Leben als Muslim und kein Rechtssystem, welches man einführen kann. Dagegen ist das Scharia-Konzept von Said Ramadan ein festes Gesetz, welcher als Rechtssystem eingeführt werden muss. Idschtihad würde nur in Frage kommen, wenn es nötig ist und auch dann nur wenn es die Scharia nicht verletzt. Ein weiterer großer Unterschied ist die Zielgruppe beider Wissenschaftler. Tariq Ramadan schreibt und definiert den Begriff der Scharia für Muslime in Europa und Said Ramadan für Muslime in arabischen Ländern. Somit wäre ein ähnliches Verständnis von Scharia nicht zu erwarten, da verschiedene Welten angesprochen werden, weil es Unterschiede in Kontext und Umstand gibt, die politisch, wirtschaftlich und religiös den Staat prägen.

Als Gemeinsamkeit könnte man vielleicht den Punkt nennen, dass beide juristische Werke bzw. den Fiqh als veränderbar sehen. Das heißt bei diesem Punkt müsse man mit der Zeit gehen und es verändern. Obwohl Said Ramadan sagt, dass juristische Werke der Scharia untergeordnet seien, d.h. man könnte hier untersuchen, ob es nach seiner Meinung überhaupt möglich wäre, etwas zu verändern, wenn die Scharia nicht veränderbar ist.

Es wird deutlich, dass Tariq Ramadan, obwohl er die islamische Erziehung von seinem Vater genossen hat, keinen seiner Gedankengänge und Konzepte übernommen hat und das Verständnis vom islamischen Recht für europäische Muslime neu definiert hat.

5. Literaturverzeichnis

- Ammann L., „Die konservative Reform", in: K. Amirpur/L. Ammann (Hg.), Der Islam am Wendepunkt, Freiburg, Verlag Herder Freiburg im Breisgau 2006, S. 23-33.

- Ghadban, Ralph: Tariq Ramadan und die Islamisierung Europas, Berlin: Verlag Hans Schiler, 2006.

- Ramadan, Said: Das islamische Recht, 2. Aufl., Marburg: Muslim Studenten Vereinigung in Deutschland, 1996.

- Ramadan, Tariq: Muslimsein in Europa, Marburg: Muslim Studenten Vereinigung in Deutschland, 2001.

- Ramadan, Tariq: Radikale Reform, München: Diedrichs Verlag, 2009.

- Reidegeld, Ahmad A.: Handbuch Islam, Kandern im Schwarzwald: Spohr, 2005.

- Yu, Chi-chung: Thinking Between Islam and the West, Frankfurt: Peter Lang, 2014.

- BBC Website. Letzter Zugriff: 25.02.2015 http://www.bbc.co.uk/religion/religions/islam/beliefs/sharia_1.shtml

- Bundeszentrale für politische Bildung, Dr. Christiane Müller. Letzter Zugriff: 25.02.2015 http://www.bpb.de/nachschlagen/lexika/islam-lexikon/21676/scharia

- Zeit-Online: „Ich bin Angst einflößend und gruselig". Letzter Zugriff: 25.02.2015 http://www.zeit.de/campus/2013/01/tariq-ramadan-muslime-europa